Die Schädigung der Rasse

Durch soziales und wirtschaftliches Aufsteigen bewiesen an den Berliner Juden

Felix A. Theilhaber

Alpha Editions

This edition published in 2022

ISBN : 9789356902992

Design and Setting By
Alpha Editions
www.alphaedis.com
Email - info@alphaedis.com

DIE SCHÄDIGUNG DER RASSE
durch soziales und wirtschaftliches Aufsteigen bewiesen an den BERLINER JUDEN

VON
Dr. Felix A. Theilhaber

Man wird nicht behaupten können, daß die jüdische Religion oder die in der jüdischen Masse fortlebenden Ideen rassenhygienischen Gefahren besonderen Vorschub geleistet hätten. Bis in die Mitte des 19. Jahrhunderts pflegten die deutschen Juden in ihrer überwiegenden Majorität die nationalreligiösen Vorschriften, die allzu bekannt sind, als daß man sie hier anführen müßte. Im übrigen bietet ein vor kurzem erschienenes Werk »Die Hygiene der Juden« einen bedeutsamen Überblick über die ganze hierein bezügliche Gesetzgebung.[1]

Die Konstatierung, daß jüdisches Milieu und Neomalthusianismus die grellsten Gegensätze bedeuten, muß deshalb zur Voraussetzung dienen, damit die in Späterem dargelegten Befunde um so schärfer zutage treten. Denn es lag sicher nicht in dem Reiz, den das Judentum als solches ausübte, wenn gerade die Juden zur äußersten Beschränkung ihres Nachwuchses schreiten. Nirgends in der Welt war die Familie bei allen Gliedern einer Rasse, die einen hohen kulturellen Standard of life einnahm, so stabilisiert und die Erzeugung eines ordentlichen, aber auch ziffernmäßig starken Nachwuchses so sehr als Ideal festgelegt als bei ihnen. Und es ist sicher keine bloße Behauptung, daß die Juden der Erhaltung ihrer Art enorme Opfer gebracht haben, daß sie für die Ehe, für Kinder und für ein Heim einen liebevollen Sinn besaßen. Es kann auch kaum in ihren biologischen Qualitäten liegen, wenn die durch viele Jahrhunderte hindurch ungeschwächte Zeugungsfähigkeit so urplötzlich zum Erlöschen neigt. Denn daß ihr völkisches Massiv nicht so stark geschwächt war, dafür zeugt die Kraft, mit der sie sich in Berlin bis auf unseren Tag auf allen Lebensgebieten durchzusetzen wußten.

Die meist aus dem Osten Preußens stammenden Kleinstadtjuden, haben sich rasch in Berlin emporzuarbeiten verstanden. Ich erinnere an ihre Arbeit an der Börse, in der Berliner Konfektion, in der Lederbranche, Schuhfabrikation usw. Namen wie Rathenau, des Gründers der Allgemeinen Elektrizitätsgesellschaft, James Simon, des Baumwollenkönigs, Bleichröder und anderer entheben uns einer deutlicheren Illustration. Ebenso könnte der

Beweis für ihre Energie, mit der sie sich im politischen Leben (Freisinn und Sozialdemokratie) wie auch in allen anderen Zweigen unserer Kultur, so in den akademischen Berufen durchzusetzen verstanden, erbracht werden.

Ihre körperliche Widerstandskraft spiegelt sich wohl am besten in der Sterblichkeits- und Krankheitsstatistik wieder, die absolut nicht den Beweis zuläßt, daß die Hauptmasse der Bevölkerung physisch zur vollen Entartung neigt. Deshalb wird ein Nachlassen ihrer Fruchtbarkeit weder auf die rein jüdischen Werte in ihren geistigen Vorstellungen, noch auf die jüdischen Präzeptoren ihres Blutes zu schreiben sein. Es ist nicht Zeugungsunfähigkeit, sondern Unlust und berechnender Wille, Resultate des Zeugens hintanzuhalten. Sie sind die Opfer der Verhältnisse, in die sie sich stürzten.

Tabelle I. Bevölkerungsstand.

Es gab Juden in Berlin		
Jahr	absolute Zahl	relative Zahl
1816	3,373	2,0 %
1820	3,632	—
1825	4,024	—
1830	4,689	—
1835	5,465	—
1840	6,207	1,96
1845	8,286	—
1850	10,037	—
1855	11,481	—
1860	17,075	3,46
1865	24,189	3,93
1871	36,105	4,36
1875	45,464	4,71
1880	53,916	4,80
1885	64,355	4,90
1890	79,286	5,02

Jahr	absolute Zahl	relative Zahl
Es gab Juden in Berlin		
1895	86,152	**5,13**
1900	92,206	4,88
1905	98,893	4,85
1910	92,013	4,38
Groß-Berlin		
1900	108,044	**4,35**
1910	143,975	**3,86**

Tabelle Ib. Ausländische Juden in Berlin.

	absolute Zahl	in % der jüd. Bevölk.
1890	5,077	6,9
1900	11,651	12,6
1905	18,316	18,5

Groß-Berlin zählt heute 150000 Juden; das ist mehr als ein Drittel der preußischen Juden überhaupt. Vor knapp hundert Jahren traf man in Berlin 3000 Juden an. Wie die Vermehrung vor sich gegangen ist, darüber unterrichtet am besten Tabelle I, die wir anbei bringen. Die Zunahme der jüdischen Bevölkerung in Berlin datiert zum allergrößten Teil aus der Einwanderung kleinstädtischer Juden des Ostens; seit neuerer Zeit auch von außerhalb des Deutschen Reiches, aus Rußland und Galizien. Schon eine oberflächliche Übersicht über die Entwicklung der Geburten bei den Berliner Juden zeigt einen deutlichen Niedergang. Während zu Beginn des vorigen Jahrhunderts die Geburten 27 % betrugen, sank diese Ziffer in letzter Zeit auf 16[2] und noch darunter. Dabei war die jüdische Bevölkerung zu Beginn des vorigen Jahrhunderts materiell und geistig zum Teil auch schon auf einer hohen Stufe. Allgemein bekannt ist ja das Milieu jener Berliner Juden aus den Schilderungen Heines, Varnhagens und anderer. Die Berliner Juden vor 100 Jahren hatten schon eine auffallend geringe Geburtenziffer gegenüber der jüdischen Allgemeinheit. Die Natalität der preußischen Juden jener Zeit bezifferte sich nämlich auf ca. 33–35 ‰ und blieb mit Berücksichtigung der geringeren Kindersterblichkeit hinter der enormen Fruchtbarkeit der übrigen Bevölkerung nicht zurück. Die Natalität der großstädtischen Israeliten beträgt heute also die Hälfte der alten Fruchtbarkeit, ja nicht einmal diese. Dabei ist aber zu berücksichtigen, daß die Einwanderung in den Großstädten eine so starke Besetzung der Altersschichten im zeugungsfähigen Alter bedingt, daß diese Altersklassen fast doppelt so stark vertreten sind, als es bei normalem Bevölkerungsaufbau der Fall wäre. Wir müßten also in den Großstädten gegenüber den Durchschnittsziffern, die wir für das Reich bekommen, höhere Werte der Nativität bekommen. Wenn also z. B. eine gesunde Fruchtbarkeit, wie sie früher bei den preußischen Juden geherrscht hat, 33 war, so müßten wir bei ganz analoger Fruchtbarkeit bei einem Bevölkerungsaufbau, der dem der Berliner Juden entspricht, 45–50 haben. In Wahrheit aber beträgt ihre Fruchtbarkeit nicht einmal den dritten Teil dieser Ziffer.

Tabelle IIa. Bevölkerungsbewegung.

In Berlin wurden Juden im Durchschnitt				
Jahr	geboren	in Promille	verstarben	in Promille
1816–1820	92	27,0	85	25,7
1821–1830	100	24,8	90	21,8
1831–1840	137	24,7	130	23,6
1841–1850	254	25,1	179	21,4
1851–1860	373	28,3	244	18,7
1861–1870	719	29,0	441	17,9
1871–1875	1141	27,5	601	15,3
1876–1880	1455[3]	26,0	762	15,3
1881–1890	1550	22,0	982	15,28
1891–1900	**1771**	**18,0**	**1313**[4]	**15,23**
1901–1910	**1582**	**16,0**	**1312**[4]	**13,6**
1911	**1302**	**14,16**	**1243**[5]	**13,5**

Schon die Tabelle III zeigt die Bevölkerungsbewegung; wir finden in ihr eine Tabelle, in der der gesamte biologische jüdische Nachwuchs ziffernmäßig belegt ist. Derselbe setzt sich zusammen aus den Geburten aus jüdischen Ehen, aus Geburten unehelicher Mütter und dann aus Mischehen, deren Kinder zur Hälfte dem jüdischen Nachwuchs zugezählt wurden (wobei auf die spätere Zugehörigkeit dieses Nachwuchses zum jüdischen Glauben kein Gewicht gelegt wurde; es tritt nämlich kaum ein Viertel der Kinder aus Mischehen in den jüdischen Religionsverband ein). Diese Tabelle III ergibt, daß der absolute Zuwachs in den neunziger Jahren die Höhe überschritten hat, und seitdem auffällig rasch und bedeutend sinkt; während er zu Beginn der achtziger Jahre 1500 Partus praeter propter zählte, stieg die Ziffer 1890 auf 1727, 1900 war sie auf 1649 gesunken, 1910 ist sie geringer als im Jahre 1880 und beträgt nur noch 1306. Dabei haben sich die eheschließenden jüdischen Personen mehr als um das Doppelte vermehrt.

Tabelle III. Bevölkerungsbewegung
(gekürzt) siehe die ausführliche Tabelle III.

Jahr	Insgesamter Nachwuchs von Juden (aus reinen Ehen, von unehelichen Müttern und ½ aus Mischehen)	Insgesamt jüdische eheschließende Personen (rein jüdische Ehen und ½ von Mischehen)
1879	**1401**	**680**
1880	1492	780
1881	1495	826
1882	1481	898
1883	1479	865
1884	1535	938
1885	1536	985
1886	1459	994
1887	1565	967
1888	1545	1094
1889	1677	1208
1890	1727	1254
1891	1740	1190
1892	1772	1213
1893	**1795**	**1210**
1894	1760	1197
1895	1694	1279

Jahr	Insgesamter Nachwuchs von Juden (aus reinen Ehen, von unehelichen Müttern und ½ aus Mischehen)	Insgesamt jüdische eheschließende Personen (rein jüdische Ehen und ½ von Mischehen)
1896	1635	1279
1897	1672	1488
1898	1666	1374
1899	1659	1471
1900	1649	1409
1901	1658	1441
1902	1757	1435
1903	1597	1406
1904	1662	1504
1905	1630	1533
1906	1743	1524
1907	1556	**1562**
1908	1500	1451
1909	1409	1433
1910	**1306**	**1429**

Unsere Aufgabe muß es sein, darzutun, daß die Abnahme der Fruchtbarkeit wirklich nicht anders zu erklären ist als aus rein sozial-ökonomischen Momenten, bzw. daß die Bevölkerungsbewegungen, die Wanderungen usw. und anderes, was mit dem Bevölkerungsaufbau zusammenhängt, nicht als Ursache der Minderfruchtbarkeit angesehen werden kann. Eine Auszählung der Frauen im gebärfähigen Alter ergab deren im Jahre 1880 19600, 1895 25000 und 1905 28000; sie bildeten im Jahre 1905 29 % der Gesamtbevölkerung, ein so günstiges Resultat der Fertilität, wie es kaum besser gedacht werden kann. Der Bevölkerungsaufbau würde also, wie schon anfangs betont wurde, gerade eine enorme Vermehrung zulassen.

Tabelle III. Jüdische Bevölkerung in Berlin.

Jahr	Eheliche Geburten der Juden	Unehel. jüdische Geburten	Mischehengeburten	Jüdische Ehen	Mischehen	Insgesamter biolog. jüd. Nachwuchs	Insgesamt jüd. eheschl. Personen
1875	1370	67	ca. 125[6]	289	134	1470	712
1876	1394	64	" 130[6]	282	141	1490	705
1877	1366	77	" 135[6]	317	130	1485	764
1878	1456	74	" 140[6]	250	152	1566	652
1879	1245	78	149	259	162	1401	680
1880	1345	75	144	311	158	1492	780
1881	1313	83	159	329	168	1495	826
1882	1320	85	173	343	212	1481	898
1883	1294	93	185	353	159	1479	865
1884	1368	77	177	379	180	1535	938
1885	1379	70	175	400	185	1530	985
1886	1288	71	201	424	146	1459	994
1887	1383	82	198	400	167	1565	967
1888	1370	68	214	464	166	1545	1094
1889	1490	79	217	534	140	1677	1208
1890	1528	90	218	544	166	1727	1254
1891	1540	74	253	523	144	1740	1190
1892	1587	79	212	578	157	1772	1213

Jahr	Eheliche Geburte n der Juden	Unehel. jüdische Geburte n	Mischehengeburte n	Jüdisch e Ehen	Mischehe n	Insgesamte r biolog. jüd. Nachwuchs	Insgesam t jüd. eheschl. Personen
189 3	1573	62	200	573	164	1735	1210
189 4	1572	78	219	525	147	1760	1197
189 5	1519	79	192	555	169	1694	1279
189 6	1438	95	204	539	201	1635	1279
189 7	1362	101	219	644	200	1672	1488
189 8	1476	90	200	585	204	1666	1374
189 9	1470	90	202	621	209	1659	1471
190 0	1455	76	237	594	221	1649	1409
190 1	1452	97	218	620	201	1658	1441
190 2	1548	101	232	615	202	1757	1435
190 3	1409	85	207	597	212	1597	1406
190 4	1458	85	218	629	246	1662	1504
190 5	1407	100	246	624	285	1630	1533
190 6	1502	122	243	627	270	1743	1524
190 7	1341	111	208	638	286	1556	1562
190 8	1270	125	230	585	281	1500	1451
190 9	1198	104	214	565	303	1409	1433
191 0	1108	99	198	577	275	1306	1429
191 1	1095	119	205[7]	570	298	1302	1438

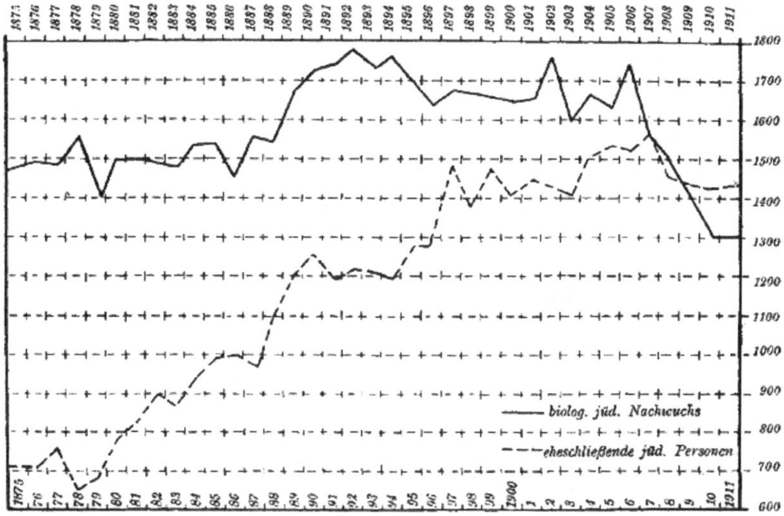

Tabelle IV. Jüdischer Nachwuchs und Eheschließungsziffer.

		Geschlossene rein jüdische Ehen	geborene Kinder in rein jüdischen Ehen	Es treffen Geburten auf geschl. Ehen
a)	1875–81	2037	9389	4,6
	1882–91	4364	13960	3,2
	1892–1901	6449	15004	2,3
	1902–11	6027	13336	2,21
		jüdisch-christliche Ehen	geborene Kinder in Mischehen[8]	Es treffen Geburten auf geschlossene Mischehen
b)	1875–81	1045	982	1,0

	1882–91	1665	2011	1,2
	1892–1901	1873	2103	1,1
	1902–11	2658	2201	0,8
		Insgesamt von Juden geschl. Ehen[8]	Insgesamt Kinder aus Ehen von Juden (auch Mischehen)	Es treffen Kinder auf Ehen von Juden
a) + b)	1875–81	3082	10371	3,3
	1882–91	6029	15971	2,65
	1892–1901	8322	17107	2,06
	1902–11	**8685**	**15537**	**1,8**

Tabelle XIV. Bevölkerungsaufbau der Berliner Juden.

				Im Jahre			
				1871	1880	1900	1905
0–10	Jahre	alt	waren	20,0 %	22,0 %	14,8 %	14,4 %
11–20	"	"	"	20,9 "	16,5 "	15,3 "	16,1 "
21–30	"	"	"	22,4 "	22,0 "	21,05 "	21,1 "
31–40	"	"	"	14,9 "	16,3 "	17,6 "	17,55 "
41–50	"	"	"	9,7 "	10,1 "	13,6 "	13,55 "
51–60	"	"	"	7,0 "	6,8 "	9,3 "	9,1 "
61 usw.	"	"	"	5,1 "	6,3 "	8,1 "	7,98 "
Zusammen				100 %	100 %	100 %	100 %

Tabelle VII.

	Es standen im Fruchtbarkeitsalter		davon verheiratet		in %	
	[1895]	[1900]	[1895]	[1900]	[1895]	[1900]
jüdische Männer (20–25 Jahre alt)	24,432	27,110	11,711	12,862	48,3	47,4
jüdische Frauen (15–50 Jahre alt)	25,075	27,082	12,267	12,942	48,8	47,8
	49,507	54,192	23,978	25,804	48,6	47,6

Tabelle VIIb. Zahl der jüdischen Frauen im gebärfähigen Alter in Berlin (15–50 Jahre).

	1880	1895	1900	1905
Zahl	19641	25075	27110	28734
in % der Juden	27,5	29,0	29,4	29,0
Jüd. Fruchtbarkeitsziffer[9]	**100,8**	**67,5**	**60,8**	**56,8**

Zahl der jüdischen Männer im zeugungsfähigen Alter in Berlin

1895 …	24432	1900 …	27082	1905 …	29402

Es ist doch wohl nicht zu leugnen, daß der Schluß logisch ist, dort, wo es immer mehr Ehen gibt, müßten wir auch mehr Kinder finden; bei den Juden aber finden wir das Faktum, daß die Kinderzahl absolut etwas abgenommen hat, trotzdem sich die Ehen vervielfältigten. Ja sogar die unehelichen jüdischen Geburten treten quantitativ etwas stärker in den Vordergrund. Daraus kann man wohl schon jetzt den Schluß ziehen, daß die jüdische Bevölkerung sicherlich ein größeres Kontingent von Menschen in der Fruchtbarkeitsperiode in unserer Zeit aufzuweisen hat als in früheren Jahrzehnten, was auch die Auszählung der Jüdinnen im gebärfähigen Alter ergibt. In der Tabelle V ist nun ein Überblick gegeben, wie sich die drei Rubriken vermehrten. Die jüdische Bevölkerung Berlins hat sich in den letzten 35 Jahren um 102 % gesteigert, die der eheschließenden um 100 % und die der Geborenen um minus 11,1 % verändert. In der Gegenüberstellung dieser drei Werte tritt die Tendenz der Entwicklung so klar zutage, daß es nur die Tatsachen abschwächen hieße, wenn wir auf die Ungeheuerlichkeit der Ziffern eingehen wollten.

Tabelle V.Bevölkerungsentwicklung in Berlin.[10]

			Die jüd. Bevölkerung nahm zu in %	Die jüdischen Eheschließenden in %	Die Geburten der Juden in %
1880	gegen	1875	+15,7	+9,1	+1,5
1885	"	1880	+19,3	+13,5	+3,0
1890	"	1885	+23,2	+27,5	+11,0
1895	"	1890	+8,7	+2,0	-2,0
1900	"	1895	+7,0	+10,2	-2,2
1905	"	1900	+7,2	+8,8	-1,5
1910	"	1905	-7,5	-6,8	-2,0
1910	gegen	1875	+102,4	+100,7	-11,1

Eine andere Beleuchtung der Frage ergibt auch die Eruierung der unfruchtbaren Ehen, sowie der Zahl der Menschen, die im zeugungsfähigen Alter keine Ehe schließen. Unfruchtbar waren mehr wie 25 % der Ehen, (wenn ich die geschlossenen Ehen des Jahres 1909 mit den Erstgeburten des Jahres 1910 zusammenbrachte, so fand ich, daß nicht dieselbe Anzahl Erstgeburten, die bei einer Fruchtbarkeit aller Ehen anzunehmen war, sich vorfand, sondern daß nur auf je 100 Eheschließende 70 % Kinder kamen. Bei der allgemeinen Bevölkerung gab es 30 % sterile Ehen, bei den Mischehen sogar 39 %).[11]

Schon in den siebziger Jahren zeigte es sich, daß die Juden nicht nur viel später, sondern auch seltener heirateten, und jetzt (1905) liegen die Verhältnisse so, daß die Juden in der Zeit, wo sie die Höhe ihrer Eheschließungsziffer erreichen, noch über ein Viertel ihrer Bevölkerung Unverheiratete besitzen.

Tabelle VIIa.

Es waren verheiratet in Berlin von je 100	männl. Juden [1895]	weibl. Juden [1895]	männl. Juden [1900]	weibl. Juden [1900]
bis 20 Jahre alt	0,05	0,9	—	0,9
" 25 " "	2,0	21,4	3,3	21,5

Es waren verheiratet in Berlin von je 100				
	männl. Juden [1895]	weibl. Juden [1895]	männl. Juden [1900]	weibl. Juden [1900]
" 30 " "	20,6	52,9	19,0	52,7
" 35 " "	47,0	65,5	43,7	66,0
" 40 " "	70,0	71,3	57,4	69,8
" 45 " "	78,0	73,0	78,3	68,1
" 50 " "	82,6	68,3	82,0	67,1
" 55 " "	83,7	62,7	68,6	54,6
" 66 " "	81,2	50,6	66,9	52,7

Setzen wir das Mosaik zusammen! Dann bleibt unter hundert Juden ein Viertel ehelos und ein weiteres Viertel kinderlos. Von der knappen Hälfte der Bevölkerung, die sich vermehrt, haben fast zwei Drittel nur ein und zwei Kinder, und nur ein Drittel mehr als diese; d. h. die Hälfte der ganzen jüdischen Bevölkerung kommt zeitlebens für die Vermehrung überhaupt nicht in Frage, sie ist total unfruchtbar; mehr als ein Viertel liefert einen viel zu geringen Zuwachs und nur ein Viertel liefert die Kinderzahl, die einer gesunden Bevölkerungsvermehrung entspricht.

Aber die Berliner Juden würden ein noch viel traurigeres Bild ihres Zuwachses aufzeigen, wenn sie nicht die ausländische Zuwanderung besäßen. Es ist behauptet worden (Segall im »Deutschen Reich«), daß die osteuropäischen Juden für die Erhaltung des deutschen Judentums nicht in Frage kämen, da es sich meist um alte Leute handelte, die vor den Pogromen geflohen seien. Das entspricht nicht den Tatsachen; sowohl die Erhebungen über die Münchner Juden, die Standesämter wie die allgemeine Empirie bezeugen es uns, daß diese Einwanderung sich von anderen nicht unterscheidet. Wie überall wandern vornehmlich die jugendlichen Elemente aus, und so treffen wir gerade in Berlin tausende östlicher Juden, die sich hier eine Existenz zu gründen suchen. Sie sind stark vertreten als Händler, weniger als Hausierer, ferner als Handwerker, in der Zigarettenindustrie, Eierbranche usw. Unter ihnen sind relativ viele Arbeiter oder wenigstens proletarische Elemente, und sowohl dieser Umstand, als auch die religiösen Anschauungen, die sie in der Heimat vor sich gesehen haben, beeinflussen ihre Fruchtbarkeit. Sie bilden schon 17 % der eheschließenden Berliner Juden. Dank dem freundlichen Entgegenkommen der Berliner Polizeidirektion wurden von ihr die Geburtsorte der jüdischen Väter der

Mehrgeborenen untersucht, und da ergab sich das Faktum, daß 48 % der mehrgeborenen (über fünftgeborenen) Kinder von ausländischen Juden abstammten. **Also, ohne die ausländischen Juden wäre der Zuwachs an jüdischen Kindern noch geringer.** Diese Konstatierung läßt sich wohl kaum widerlegen.

Trotz alledem könnte der allgemeine Überblick irgendwelche Erscheinungen nicht berücksichtigen, die die biotischen Verhältnisse in günstigerem Lichte erscheinen lassen müßten. Deshalb ist es nötig, die Geburtlichkeit nach jeder Richtung zu durchforschen, d. h. nicht nur die Geburtenzahl, sondern auch die Gebärfähigkeit bzw. die Fruchtbarkeit. Die Berechnung, wie viele Kinder in jedem Jahrzehnt auf die Ehe treffen, ist ungenügend. In der Tabelle IV haben wir eine derartige Berechnung angestellt und sind zu dem Resultat gekommen, daß heute das reinste Zweikindersystem bei den Juden durchgeführt ist. Besser kann der Beweis für diese These in der Tabelle VI geführt werden. Die Resultate der Tabelle VI sind unangreifbar. Hier haben wir die ehelichen Geburten, gegliedert nach der Reihenfolge; und zwar waren von je hundert die Erstgeborenen, die Zweitgeborenen, Drittgeborenen usw. ausgezählt.[12]

Tabelle VI. Eheliche Fruchtbarkeit in Berlin.[12]

Im Jahre	Von je 100 Geburten entfallen auf die					
	[Erstgeboren.]	[Zweitgeboren.]	[Drittgeboren.]	[4–6-geboren.]	[Mehrgeboren.]	[Zusammen]
bei d. allgem. Bevölkerung						
1880	18	20	18	32	12	100
1886	23	20	16	27	14	100
1896	27	23	17	23	10	100
1906	33	24	15	24	8	100
1910	34,4	26,6	16,0	17,0	6,0	100
bei den Juden						
1910	34,7	30,5	15,4	15,9	3,5	100
bei den Mischehen						
1910	42,3	27,7	13,0	15,9	3,0	100

100 im Jahre 1909 geschlossenen Ehen entsprachen Erstgeborene bei den Juden 70 %. (565 Eheschließungen und 385 Erstgeburten.)

Die Geborenen nach der Geburtenfolge

(unter je 100 Geborenen).

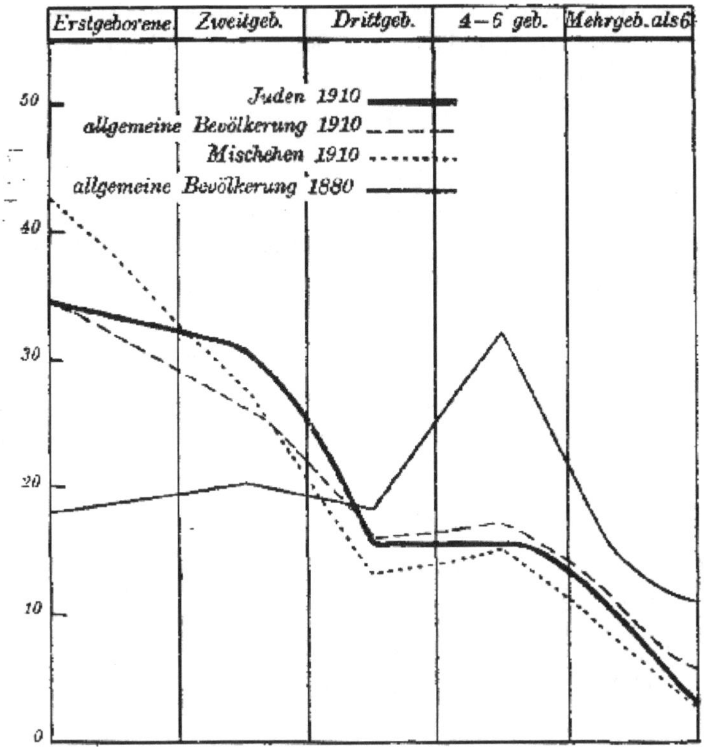

Wie steht es nun mit der ehelichen Fruchtbarkeit? Nach dem Werke von Gruber und Rüdin läßt sich die eheliche Fruchtbarkeit der allgemeinen Berliner Bevölkerung gut überblicken. Es trafen auf hundert eheliche Geburten Erstgeburten im Jahre 1880 18 Kinder, 1886 23, 1896 27, 1906 33 und 1910 (eigene Auszählung) 34,4. Mehr als sechs Geborene waren in denselben Zeiträumen 12 %, dann 14, 10, 8 und 6 %, Wir sehen also, daß die Berliner Bevölkerung die Kinderzahl rationalisiert, es gibt immer weniger Ehen, in denen Mehrgeburten vorkommen, der Überblick über die Tabelle VI beweist dieses zur Genüge. Die Juden haben nach Auszählungen, die ich vermöge des Entgegenkommens des Berliner Statistischen Amtes (Prof. Dr. Silbergleit) vornehmen durfte, und wofür ich auch an dieser Stelle danken möchte, Erstgeborene in 34,7 %, Zweitgeborene in 30,5 %, Drittgeborene in 15 %, mehr als Sechstgeborene nur 3½ %. Die Mischehen sind, wie dieselbe Tabelle zeigt, noch mehr darauf zugeschnitten, Mehrgeburten zu vermeiden. Oder, wenn wir auf je 100 Erstgeburten die Mehrgeburten berechnen, hatten nur 44 Mütter Drittgeburten, ebensoviele Viert- und Sechstgeborene. Während bei der allgemeinen Bevölkerung 1880 auf je 100 Erstgeborene noch 66,7 Siebent- und Mehrgeborene trafen, kamen 1910 bei den Juden nur noch 9½ Siebent- und Mehrgeborene auf 100 Erstgeborene. Damit ist der Unterschied zwischen der schon niedrigen Fruchtbarkeit der allgemeinen Bevölkerung Berlins von 1880 und der der heutigen Juden wohl am besten charakterisiert.

Tabelle XIII. Geburtenhäufigkeit.

	Auf je 100 eheliche Erstgeborene kamen 1880	Auf je 100 Erstgeborene (ehel. u. unehel.) überhaupt kamen 1910	
	bei der Berliner allgem. Bevölkerung	bei der allgem. Bevölkerung	bei der jüdischen Bevölkerung
Zweitgeborene	111,0	77,2	87,0
Drittgeborene	100,0	45,0	44,0
Viert- bis Sechstgeborene	177,7	55,0	46,0
Siebent- u. Mehrgeborene	66,7	23,0	9,5

Genaue Detaillierung der Berliner Geburtlichkeit.

	Auf je 100 Erstgeburten kamen 1910	
	bei der allgem. Bevölkerung	bei der jüdischen Bevölkerung
Zweitgeborene	77,2	87,0
Drittgeborene	45,0	44,0
Viertgeborene	28,0	23,0
Fünftgeborene	17,0	15,0
Sechstgeborene	10,5	7,8
Siebentgeborene	7,4	2,5
Achtgeborene	5,2	2,6

	Auf je 100 Erstgeburten kamen 1910	
	bei der allgem. Bevölkerung	bei der jüdischen Bevölkerung
Neuntgeborene	3,3	2,0
Zehntgeborene	2,2	0,5
Elft- und Mehrgeborene	4,5	2,0

Die soziale Stellung.
Unter je 100 Eheschließenden waren:

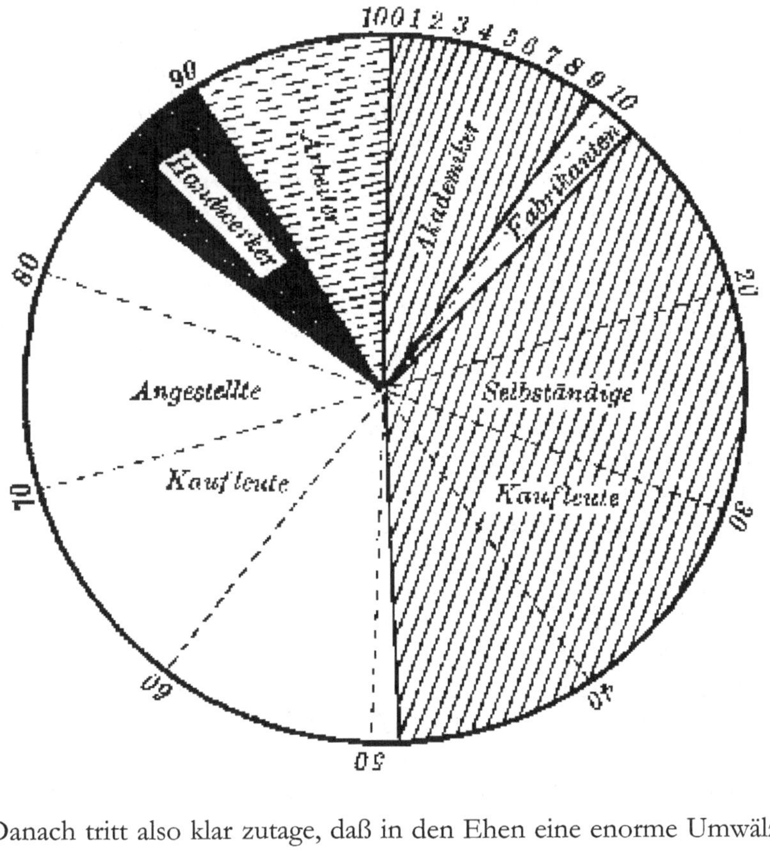

Danach tritt also klar zutage, daß in den Ehen eine enorme Umwälzung der Fruchtbarkeit sich vollzogen hat.

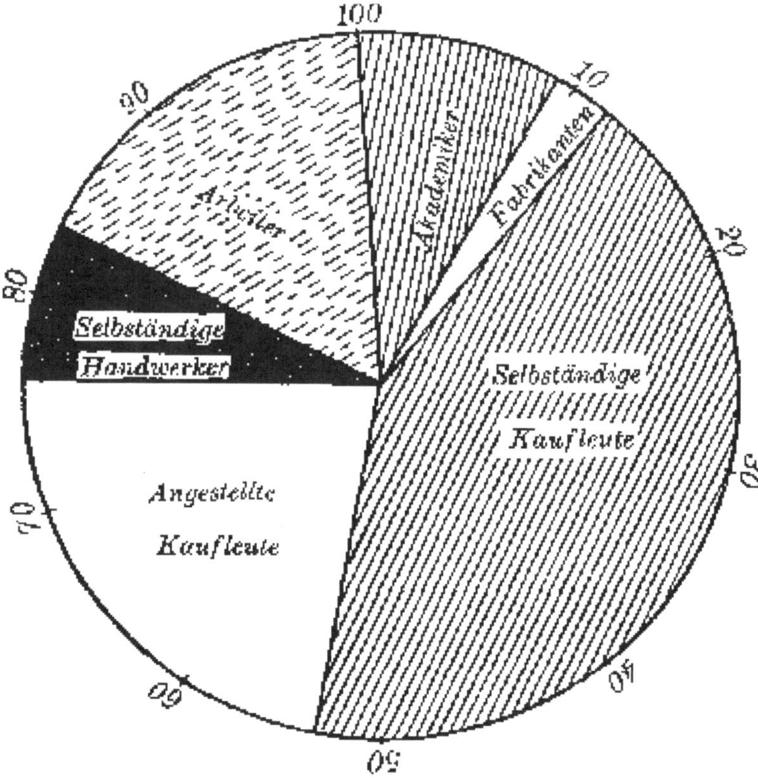

Ich versuchte aber die Konstruktion der Natalität noch weiter zu ergründen, bestimmte den Prozentsatz, den die einzelnen Berufe an der Eheschließung und an der Vermehrung nahmen, danach gab es Akademiker unter den Heiratenden knapp 10 %; diese hatten einen entsprechenden Prozentsatz unter den erstgeborenen Kindern, unter den mehr als Drittgeborenen aber nur 1,4 %, und es ist wohl auch kein Wunder oder Zufall, daß der einzige Akademiker, der mehr als sechs Kinder hatte (im Jahre 1910) ein aus dem Auslande stammender Rabbiner war, wie überhaupt bei den Rabbinern die Mehrgeburten noch vielfach vorkommen. Auch die selbständigen Kaufleute wiesen ebenso wie die Handelsangestellten eine immer schwächer werdende Beteiligung an den Mehrgeburten auf. Die Arbeiter, die unter den Eheschließenden dieselbe Zahl wie die Akademiker aufwiesen (10 %), waren in 34 % der Fälle Väter der Kinder, die Viertgeborene und mehr waren. Es zeigt sich also auch hier, daß das Proletariat die Art erhält.

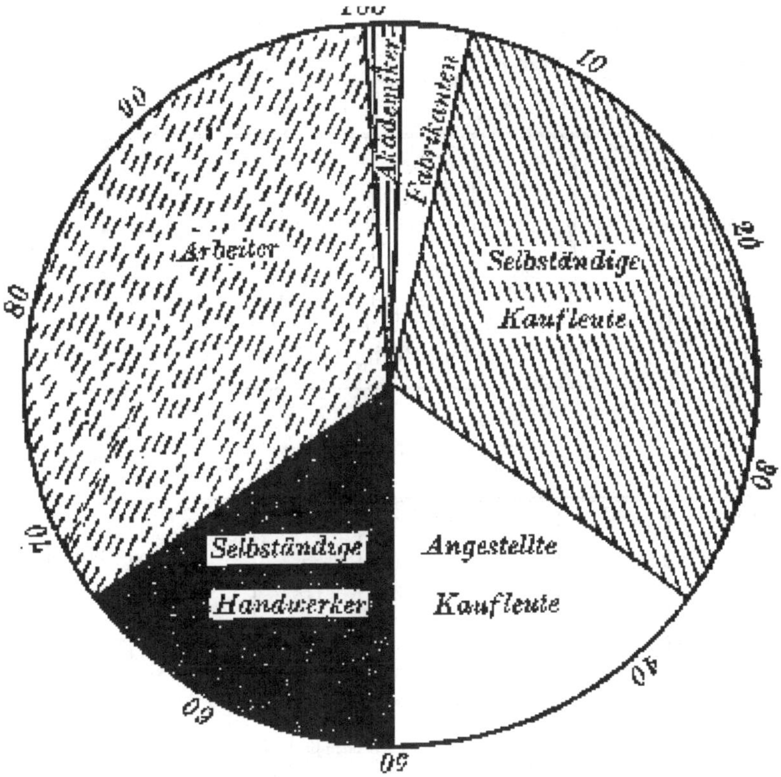

Tabelle XII. Soziale Stellung der jüdischen Väter der 1910 in Berlin in jüdischen Ehen geborenen Kinder.

			Akademiker Fabrikanten Bankiers	Selbständige Kaufleute	Kaufm. Angestellte subaltern e Beamte	Selbständige Handwerker	Arbeiter	Insgesamt	in %
Von	den	Erstgeborenen	48,0	166	85	25	61	386	34,7
"	"	Zweitgeborenen	29	146	78	22	61	336	30,5
"	"	Drittgeborenen	18	66	26	18	42	170	15,4
"	"	Viertgeborenen	4	34	9	11	29	87	8,0
"	"	Fünftgeborenen	4	21	8	8	18	59	5,2
"	"	Sechstgeborenen	1	10	6	3	10	30	2,7

	Akademiker Fabrikanten Bankiers	Selbständige Kaufleute	Kaufm. Angestellte subaltern e Beamte	Selbständige Handwerker	Arbeiter	Insgesamt	in %
" " Siebentgeboren en	1	7	8	8	16	40[13]	3,5
Insgesamt	105	439	220	95	237	1107	100,0
Repräs. Geburten	297	1023	496	300	735		

Tabelle XII. Beteiligung der Berufe an den Geburten in %. (Juden, Berlin 1910).

Von den	Die Väter waren						
	Akademiker	Bankiers Fabrikanten	Kaufleute	Angest. Kaufleute	Selbst. Handwerker	Arbeiter	Insgesamt
Erstgeborenen	**9,3**	2,3	42,2	22,2	7,2	**16,8**	100,0
Zweitgeborenen	4,9	3,5	43,3	22,2	7,1	19,0	100,0
Drittgeborenen	6,9	3,9	38,1	14,5	11,9	25,3	100,0
Viert- u. Mehrgeboren.	**1,4**	2,8	33,3	14,35	14,35	**33,8**	100,0

Tabelle VIII. Eheschließende in %.

Von den 1909 eheschließenden Juden waren

Berufsverteilung:	Akademiker	Fabrik.	Selbst. Kaufleute	Angest. Kaufleute	Handwerker	Arbeiter
von den rein jüd. Ehen	9,5[14]	2,0	37,4	35,6	5,6	9,5
von den Mischehen	8,5		22,0	34,5	3,0	29,0
Herkunft:	aus Berlin	aus übrigem Deutschland	Ausland			
in jüdischen Ehen	295	643	184	1122		
in %	26,2	57,4	16,4			
in Mischehen	87	171	31	289		
in %	30,0	59,2	10,8			
zusammen	382	814	215	1411		

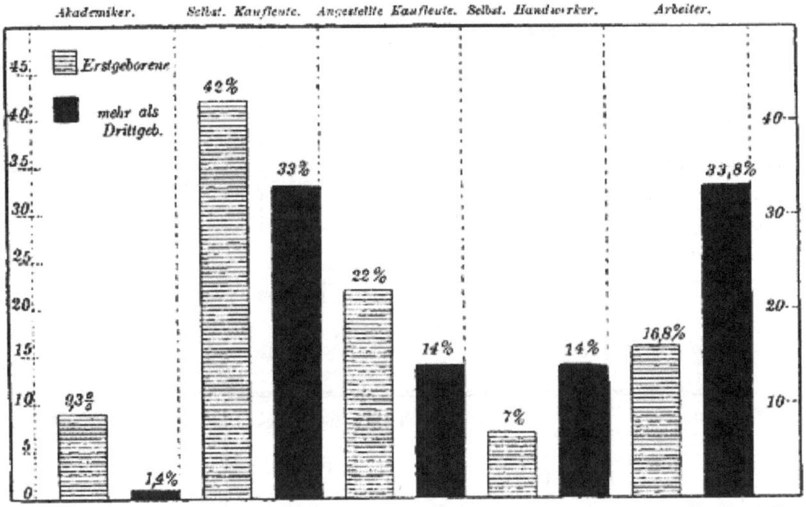

Geburten aus jüdischen Ehen (1910 in Berlin) nach dem Stande des Vaters.

Die deutschen Juden besitzen aber nur ein geringes Proletariat, von ihren Ehen (1909) trafen auf die Akademiker 54, selbständige Kaufleute und Fabrikanten 223, angestellte Kaufleute und mittlere Beamte 201, Handwerker (Meister) gab es nur 32 und Arbeiter 54 Ehen (davon etwa die Hälfte Ausländer). Es ist müßig, dagegen den allgemeinen Bevölkerungsaufbau anzuführen. Heutzutage weiß jeder Mensch, wie die Verhältnisse liegen, daß der vierte Stand im geraden umgekehrten Sinne bei der allgemeinen Bevölkerung vertreten ist wie bei den Juden. Man kann zu demselben Resultat gelangen, wenn man die in einer anderen Tabelle zusammengestellte Steuerkraft der Juden überblickt. Auch danach sind es verhältnismäßig ganz geringe Prozentteile, die das Durchschnittseinkommen der Berliner teilen. Das Gros der Berliner Juden ist viel wohlhabender.

Tabelle XV. Der Volkswohlstand der Berliner Juden.

		Das Steuersoll der Stadt Berlin betrug					
		1893	1895	1896	1897	1898	1899
bei den Evang.		10289746	11456605	13362106	14893327	15340352	16388329
" " Kathol.		774026	776970	931148	1042407	1120153	8005008
" " Juden		5981109	5929431	6604113	6807013	7432049	8005008
Insgesamt		18383880	18676552	21648640	23157360	24789021	26573415
		Das Steuersoll der Stadt Berlin betrug					
	1900	1901	1902/03	1903/04	1904/05	1905/068	

	17338444	18344994	18715000	18812477	19005042		
	1290293	1400452	1450000	1497754	1589443	1641917	
	8769963	9208286	9165000	9220890	9554392	10517535	
Insgesamt	28423937	30023389		30620433	31568882	34182931	

Tabelle XV.

		In % partizipierten also an dem Einkommensollin Berlin											
		1892	1895	1896	1897	1898	1899	1900	1901	02/03	03/04	04/05	05/06
Die	Evangel.	56,0	61,3	61,7	62,2	61,9	61,7	61,0	61,1	61,5	61,4	61,2	60,9
"	Kath.	4,1	4,2	4,3	4,5	4,5	4,5	4,5	4,7	4,8	4,9	5,0	4,8
"	Juden	32,5	31,7	30,5	29,4	30,0	30,1	30,9	30,7	30,1	30,1	30,3	30,8
Insgesamt		100,0	100,0	100,0	100,0	100,0	100,0	100,0	100,0	100,0	100,0	100,0	100,0

Zahl der Steuerpflichtigen.

	Über 21 Mark Steuer bezahlten:									
	1895	1896	1897	1898	1899	1900	1901	03/04	04/05	05/06
Evangel.	86252	95729	104152	106489	112909	118710	127765	138882	144797	156590
Kath.	7641	8416	9141	9381	10172	10848	11903	13909	14729	14756
Juden	19044	20819	21285	21821	23162	24411	25884	27958	29049	29426
Insgesamt	—	—	—	141988	150610	158279	169829	185070	193088	206128
	In % der Steuerpflichtigen (Zensiten)									
Evangel.	74,6	74,6	75,0		75,0	75,0	75,2	75,0		76,0
Kath.	6,6	6,5	6,6		6,8	6,8	7,0	7,5		7,2
Juden	16,5	16,1	15,3		15,4	15,4	15,2	15,0		14,3
Insgesamt	100,0	100,0	100,0		100,0	100,0	100,0			100,0

Tabelle XV.

	Pro Kopf versteuerten (in Mark) durchschnittlich:									
	1896	1897	1898	1899	1900	1901	02/03	03/04	04/05	05/06
Evangelische	138,1	138,2	144,0	145,2	146,1	143,6	140,0	135,5	133,4	132,9

	Pro Kopf versteuerten (in Mark) durchschnittlich:									
	1896	1897	1898	1899	1900	1901	02/03	03/04	04/05	05/06
Katholiken	110,6	114,0	120,0	118,3	118,9	117,7	110,0	107,7	108,0	111,3
Juden	317,2	319,8	340,6	345,6	359,3	355,4	340,3	329,8	329,0	357,4
Insgesamt	166,9	166,8	174,6	176,4	179,6	176,8	171,8	165,5	163,4	165,8

Beteiligung der Juden in Berlin
1. an der Gesamtbevölkerung

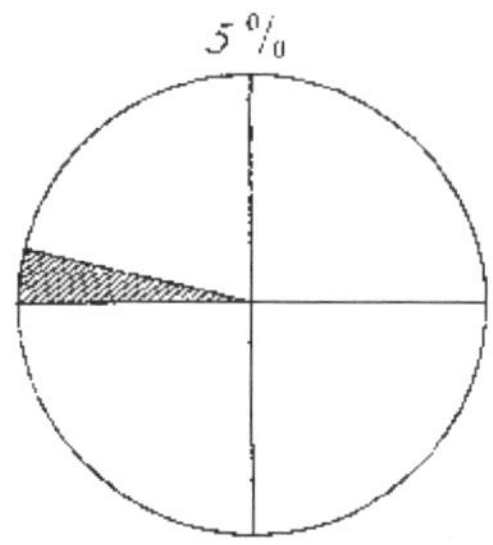

2. unter den Zensiten
(= Steuerzahler über 21 M.

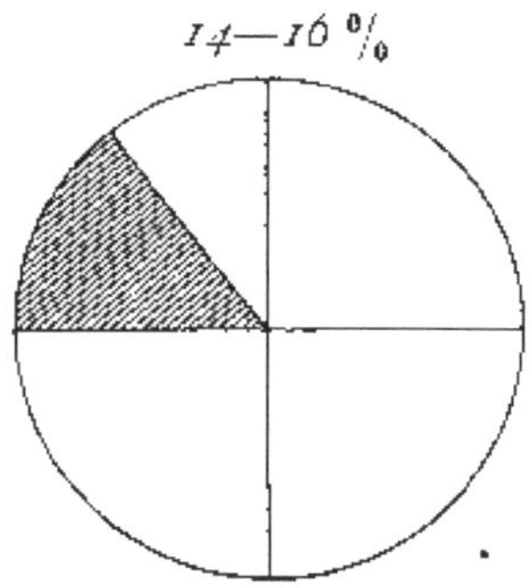

)

3. am Steuersoll
(Gesamtsumme der Steuer)

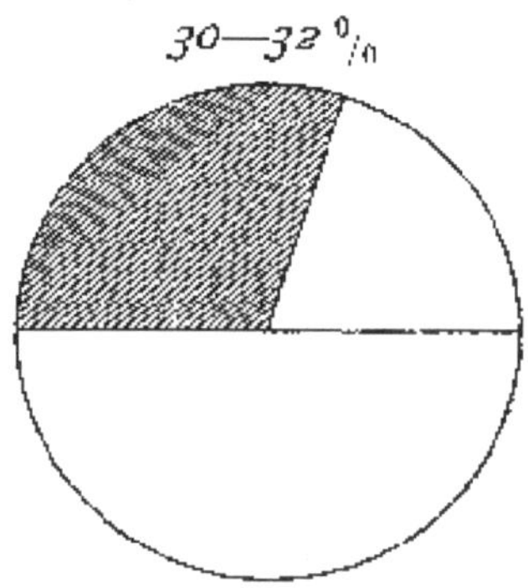

Es waren noch einige Fragen, die hier einschlägig sind und denen eine gewisse Beweiskraft zukommt, anzuführen. Danach waren von den über 15 Jahr verstorbenen Juden nach meinen Auszählungen in den letzten Jahren (1905–1909) knapp ein Fünftel ledig. Die Behauptung, daß ein Teil der jüdischen Bevölkerung nicht mehr Anteil an der Fortpflanzung nimmt, wird auch hierdurch gestützt. Andererseits hat die Kindersterblichkeit und besonders die Säuglingssterblichkeit, die schon bei den Israeliten Deutschlands, besonders aber Berlins vor 100 Jahren eine sehr glückliche genannt werden kann, in unserer Zeit einen so hervorragenden Stand erreicht, daß sie schlechterdings nicht mehr viel herabgesetzt werden kann. Es trafen auf hundert Geburten im Jahre 1910 nur noch 13,5 gestorbene 0–15 Jahre alte Kinder. Das ist ein so günstiges Resultat, wie ich mich nicht erinnere, anderswo angetroffen zu haben.[15] Daß diese Sterblichkeit nur die in Berlin geborenen Kinder betrifft, bewies eine von mir diesbezüglich vorgenommene Auszählung. Es waren von den 1909 gestorbenen jüdischen Kindern nur drei Kinder außerhalb Berlins in Deutschland und 13 im Auslande geboren. Da ja auch einzelne Berliner Familien verziehen, so kann man wohl sagen, daß das Resultat einwandsfrei die Sterblichkeit der Berliner jüdischen Jugend wiedergibt. Aber auch die verstorbenen Erwachsenen wurden nicht ungünstig von der Beteiligung ausländischer Juden beeinflußt, wir haben gesehen, daß dieselben sich an den Eheschließungen mit 17 % beteiligen, an der Mortalität beläuft sich ihr Anteil auf 19 %.

Gerade die hervorragende Verbesserung der Mortalität bezeugt das soziale Aufsteigen der Juden. Diese überaus sympathische Erscheinung braucht nicht fortzudauern, da es fraglich ist, ob der großstädtische Nachwuchs aus den modernen Ehen, in welche angealterte Männer Geschlechtskrankheiten, Nervenleiden, Alkoholismus usw. mit sich bringen, dieselbe Lebensdauer erreichen werden. Der soziale Aufstieg bedingt noch keine konstante Verbesserung der Vitalität. Kommunale, nationale oder religiöse Vorkehrungen müssen wachthalten, daß die sozial günstig gestellten Klassen nicht degenerieren.

Tabelle IIb. Jüdische Sterblichkeit

	der Säuglinge (unter 1 Jahr)	in % der Geburten	der Kinder (0–15 Jahre)	in % der Geburten
1816–20	16	17,4	nicht ermittelbar	
1821–30	17	17,0	"	"

	der Säuglinge (unter 1 Jahr)	in % der Geburten	der Kinder (0–15 Jahre)	in % der Geburten
1831–40	23	16,8	"	"
1841–50	43	16,8	"	"
1851–60	61	16,3	"	"
1861–66	125	19,0	"	"
1880–84	nicht ermittelbar		1895	26,9
1885–89	"	"	1770	22,0
1890–94	"	"	1741	21,6
1895–99	"	"	1473	19,0
1900–04	"	"	1349	17,0
1905–09	"	"	1183	16,0
[1910	"	"		13,5[16]]

Tabelle IIc. Es starben **ledige** Juden in Berlin über 15 Jahre:

1905	197
1906	190
1907	231
1908	186
1909	202

zusammen 1006

Tabelle IId. Sterblichkeit und Herkunft bei der jüdischen Bevölkerung Berlins.

Unter 100 verstorbenen Juden waren

	von den Kindern		über 15 Jahre alt		zusammen	
geboren in Berlin	152	(90½ %)	83	(10,5 %)	235	(24,6 %)
sonst in Deutschland	3	(1½ %)	553	(70,2 %)	556	(68,1 %)
im Ausland	13	(8 %)	153	(19,3 %)	166	(17,3 %)

Der Umstand, daß trotz des erheblichen Zuzuges tausender fremder Juden die Besetzung der oberen Altersklassen, wie sich aus der Tabelle über den Bevölkerungsaufbau ergibt, abgenommen hat, gibt zu dem Bedenken Anlaß, das auch schon anderweitig bezüglich der Lebenskraft der deutschen Juden ausgesprochen worden ist: es könne unter den großstädtischen Juden die sprichwörtlich bekannte Lebensdauer herabgesetzt werden. Eine Durchforschung der Krankheitsursachen der Verstorbenen pro 1910 ergab eine unheimliche Anzahl von Gehirn- und Herzschlag und Nierenleiden bei den jüngeren Leuten. Zuckerkrank waren unter den 1000 verstorbenen Erwachsenen allein gegen 80, für die luetische Infizierung sprach der Umstand, daß allein 18 an Tabes zugrunde gingen, wobei die in den städtischen Anstalten untergebrachten Tabiker in Buch usw. leider nicht mehr in Anrechnung gebracht werden können. Wer daher auf eine durchgreifende Besserung der Mortalitätsverhältnisse der Großstadtjuden rechnet, kann in dieser Hoffnung leicht getäuscht werden. Ja, es liegt wohl eher Grund zur Annahme vor, daß eine Verschlechterung der Mortalität in nächster Zeit zu erwarten ist.[17]

Es ist hier nicht der Platz, eingehend über die Geburtenberechnung zu sprechen. Schon Prinzing hat darauf hingewiesen, daß die Berechnung der Geburten auf je tausend der Bevölkerung ein falsches Verfahren darstellt. Die Ausscheidung der Geburten nach der Reihe, die sie einnehmen, kennzeichnet bedeutend besser den Fruchtbarkeitsstand. Eine Bilanz läßt sich aber nur folgendermaßen ziehen:

Wir nehmen 1000 Frauen im gebärfähigen Alter (15–50 Jahre), ohne dabei zu berücksichtigen, ob sie ledig oder verheiratet sind. Und wir stellen demgegenüber den entsprechenden Geburtenprozentsatz ein; in unserem

Falle haben wir 1905 28734 gebärfähige Jüdinnen. Dieselben müssen, um die Rasse zu erhalten, innerhalb 35 Jahren so viel Kinder zeugen, daß diese imstande sind, nach Abzug der Kindersterblichkeit später die 28700 Frauen und die dazu gehörigen Männer zu ersetzen.

Die Fruchtbarkeitsziffer läßt sich also leicht bestimmen, und zwar aus dem Fruchtbarkeitsfaktor, der erstens 1:35 der im Fruchtbarkeitsalter stehenden Frauen darstellt und zweitens aus dem Prozent der im Unfruchtbarkeitsalter sterbenden Personen besteht. Nehmen wir an, 1000 gebärfähige Frauen haben nur pro Jahr 1:35 Geburten = 59,2 ‰. Dann wird natürlich diese Zahl nicht genügen, die Bevölkerung zu ersetzen, denn von diesen 59 ‰ gehen noch etwelche ab, die im Kindesalter sterben, und hochgerechnet 50 erreichen nach 15 Jahren das gebärfähige Alter. Also durch diese tausend gebärfähigen Frauen werden pro Jahr zu wenig Kinder das Licht der Welt erblicken. Die Zahl 59 ‰ stellt einen »Idealwert« dar, der ausdrückt, daß ohne Kindersterblichkeit diese Ziffer genügen würde, eine Bevölkerung zu erhalten. Der »adäquate« Fruchtbarkeitswert wäre bei der jüdischen Bevölkerung ca. 72 Geburten auf 1000 gebärfähige Frauen.[18]

Es kann an dieser Stelle nicht so sehr auf die Theorie dieser neuen Berechnungsmethode eingegangen werden, es würde sonst den Gang unserer Ausführungen zu sehr aufhalten, aber es mag gestattet sein zu bemerken, daß die Methode bekannten Statistikern vorgeführt und als richtig befunden worden ist.

Wenn wir nun die Fruchtbarkeitsziffer für Berlin studieren, so finden wir, daß dieselbe betrug:

pro 1000 gebärfähige Frauen in Berlin				in Preußen (Land)
jüdische Bevölkerung		allgemeine Bevölkerung		
1880	100,8	1885	105,0	150–160
1895	67,5	1895	95,8	
1900	60,8	1900	84,3	
1905	56,8	1905	75,6	

Im Jahre 1910 sind die im gebärfähigen Alter stehenden Jüdinnen noch nicht ausgezählt, eine genaue Berechnung läßt sich noch nicht aufstellen. Da aber im allgemeinen die im gebärfähigen Alter stehenden Jüdinnen wie früher ca. 29% der Gesamtbevölkerung ausmachen dürften, so dürfte die Fruchtbarkeitsziffer 50 betragen.

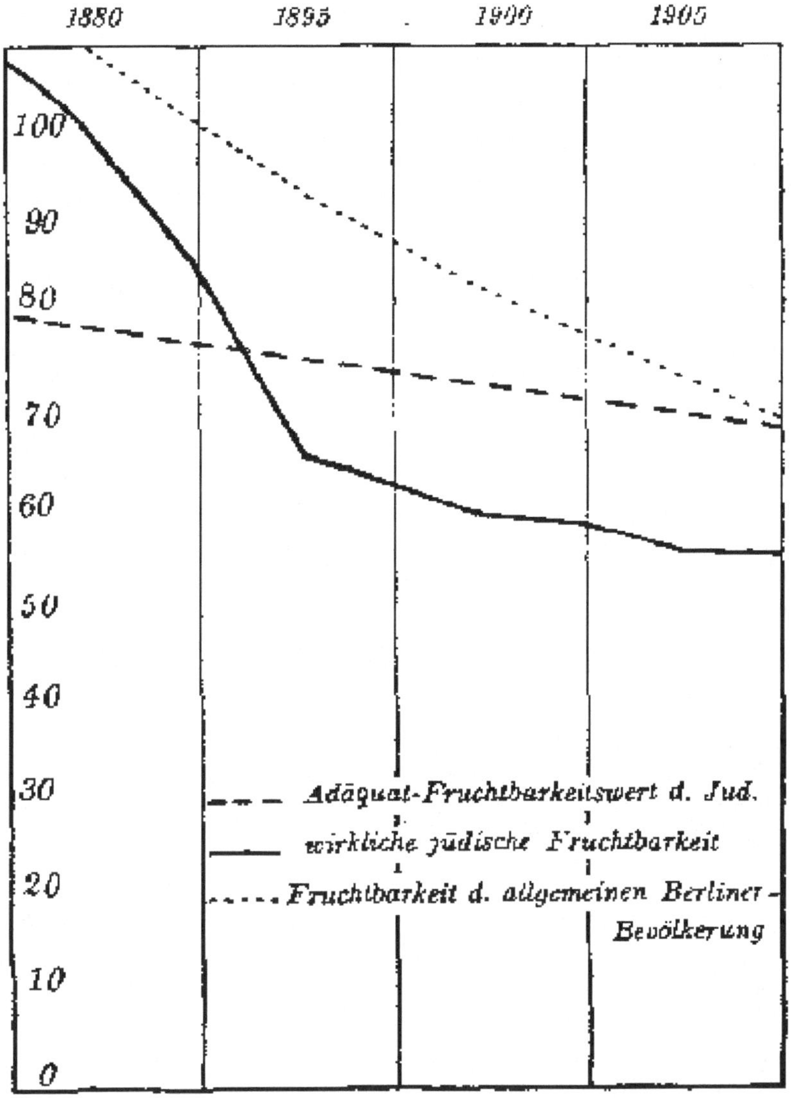

Also schon im Jahre 1895 genügte die Fruchtbarkeitsziffer der Berliner Juden dem Adäquatwert nicht, im Jahre 1905 war sie um 20 % zu gering und 1910 hatte sie wahrscheinlich sich auf 30% verringert. Wir stehen also vor der Tatsache, daß schon heute die jüdische Bevölkerung Berlins nur so viele Kinder in die Welt setzt, um **zwei Drittel** der bestehenden Familien zu ersetzen; der andere Teil fällt schon nach einer Generation aus.

Es fragt sich nun, ob wir auf Grund des Studiums der heutigen Verhältnisse die Fruchtbarkeit der nächsten Jahre voraussagen können, ob die Fruchtbarkeit in den Jahren 1913, 1914, 1915 sinken wird und muß.

Eine Berechnung, die noch anderweitig, soviel wir wissen, auch nicht geübt wurde, aber auf die wir nicht das Anrecht der Autorschaft erheben wollen, falls dieselbe doch schon irgendwo angewandt wurde, ist folgende:

Wir haben die gebärfähigen Frauen als diejenigen bezeichnet, die 15–50 Jahre alt sind, und dementsprechend möchten wir das zeugungsfähige Alter der Männer für statistische Zwecke auf 20–55 Jahre festsetzen. (Einige Ausnahmen, die sowohl Geburten von Mädchen unter 15 Jahren oder Frauen über 50 Jahre und die Männer über 55 betreffen, glauben wir ruhig vernachlässigen zu können). Während nun bei den alten Juden die Unverheirateten in dem zeugungs- bzw. gebärfähigen Alter auf Grund hundertfältiger Überlieferung eine Seltenheit darstellen, und während auch noch bei der allgemeinen Bevölkerung in der früheren Zeit der Ledige zur Minderheit gehörte, haben sich bei den Berliner Juden folgende Verhältnisse herausgebildet: Es waren von den Männern (20–55 Jahre alt) 1895 verheiratet 48,4 %, bei den Frauen 48,8 %. Fünf Jahre später war der Prozentsatz schon wesentlich gesunken, er betrug 47,4 bzw. 47,8 %. Also nicht einmal die Hälfte der geschlechtsreifen Juden ist verheiratet. Da wir wissen, daß die außereheliche Fortpflanzung bei den Juden keine nennenswerte Rolle spielt, so können wir schon daraus schließen, daß die volle Zeugungsfähigkeit nicht ausgeübt werden kann. (Bei der allgemeinen Bevölkerung liegen die Verhältnisse noch wesentlich besser, wie unsere Berechnungen zeigen, siehe Tabelle VII.)

Was wissen wir nun von der Fortpflanzung der verheirateten Juden? Betrachten wir einmal zuerst die Eheschließungen. Eine persönlich vorgenommene Auszählung der eheschließenden Juden Berlins ergab folgende Verhältnisse: Wir treffen unter den Heiratenden (1909) 64 Akademiker, etwa 200 selbständige Kaufleute und ebensoviele bei ihnen Angestellte, 33 Handwerker und 57 Arbeiter (bei den rein jüdischen Ehen). Bei den Mischehen 24 Akademiker, 56 selbstständige und 116 angestellte Kaufleute, 10 Handwerker, 80 Arbeiter. Wir ersehen daraus, daß die Arbeiter bei den rein jüdischen Ehen ebensoviele wie die Akademiker waren, beide je 10 %, das überwiegende Kontingent stellten die Kaufleute. In den rein jüdischen Ehen haben die Akademiker fast nur berufslose Frauen erwählt, die Kaufleute meist; bei den Angestellten waren berufslose und berufstätige Jüdinnen in fast gleicher Zahl vertreten, bei den Arbeitern überwog die vorher berufstätige Frau.

Tabelle XIa. Berufsstellung der heiratenden Juden.
1. In jüdischen Ehen (1910)

Männer	Frauen										
	Selbst. Berufe. Geschäftsinhaberinnen und Besitzerinnen	Lehrerinnen	Direktricen	Kontoristinnen	Näherinnen. Schneiderinn.	Verkäuferinnen	Wirtschafter. Dienstmdch.	Arbeiterinnen	Insgesamt mit Beruf	Ohne Beruf	Zusammen
Akademiker	—	3	—	—	—	—	—	1[20]	4	60	64
Selbst. Kaufleute	10	4	4	13	12	13	2	1	59	153	212
Angest. Kaufleute	10	2	6	27	16	27	—	1	89	108	197
Handwerker	—	—	—	3	5	2	—	2	12	21	33
Arbeiter	—	2[19]	—	2	18	5	8	5	40	17	57
zusammen	20	11	10	45	51	47	10	10	**204**	**359**	563

Tabelle XI.b. Berufsstellung der heiratenden Juden.
2. In Mischehen (Berlin 1910).

Männer	Frauen									
	Geschäftsinhaberinnen	Lehrerinnen, Schauspieler.	Buchhalterinnen	Verkäuferinnen	Schneiderinnen	Wirtschafterinnen	Arbeiterinnen	Insgesamt mit Beruf	Ohne Beruf[21]	Zusammen
Akademiker	—	2	2	1	2	—	—	7	17	34
Kaufleute	3	1	2	8	14	5	1	34	22	56
Angest. Kaufleute	3	6[22]	22	13	22	4	3	73	43	116
Handwerker	—	—	—	1	6	1	1	9	1	10
Arbeiter	1	1[23]	8	17	26	9	19	71	6	80
zusammen	8	7	34	40	70	19	24	**194**	**92**	

Bei den Mischehen waren die Gattinnen 116 Jüdinnen, davon 37 berufslos, 120 Christinnen, davon 31 berufslos.

Ein anderes Bild zeigt die Eheschließung in Mischehen. Während die Bräute in den jüdischen Ehen fast ⅔ der Fälle berufslos waren, hatten sie in den Mischehen viermal so häufig vorher einen Beruf ausüben müssen. Da aber erfahrungsgemäß (nach Statistiken Dr. Segalls u. a.) die Mehrzahl der Jüdinnen Berlins im heiratsfähigen Alter erwerbstätig ist, so mag der Schluß auch aus der Statistik zu ziehen sein, daß der Jude die berufslose Frau wählt, d. h. diejenige, die wohlhabend ist und ihn materiell unterstützen kann, vorzieht. Für ein gut Teil der jüdischen Mädchen, die nicht auf derartige wirtschaftliche Vorteile rechnen können, eröffnen sich unangenehme Perspektiven.[24]

Wo Ehen nach dem Gesichtspunkte des wirtschaftlichen Vorteiles geschlossen werden, wird es nicht ausbleiben, daß der Kindersegen unter demselben Gesichtswinkel betrachtet wird. Und ebenso wie eine mittellose Frau eine starke Belastung des Budgets (und keine Verbesserung der materiellen Leistungsfähigkeit) bedingt, so wirkt ein numerisch starker Nachwuchs in derselben Linie. Wo ein starker sozialer Auftrieb besteht, kommt die Frühehe und die Liebesheirat zu kurz. Diese Erscheinungen korrespondieren gewissermaßen mit der Geburtenbeschränkung.

Das Alter der jüdischen Eheschließenden im Jahre 1909 ist auf der Tabelle IX wiedergegeben, diese Tabelle ist so übersichtlich, daß wohl kaum ein ausführlicher Kommentar dazu gehört. Beachtenswert ist nicht allein das späte Alter der heiratenden Akademiker und Kaufleute, vielmehr noch das höhere Brautalter der Jüdinnen, die Handwerker und Arbeiter heiraten. Entsprechend dem späten Alter der Heiratenden stellt sich auch die erste Geburt bei ihnen spät ein, und es ist doch ganz klar, daß eine Bevölkerung, die mit durchschnittlich 30 Jahren heiratet, eine viel geringere Fruchtbarkeit haben muß als eine andere, die früher zur Ehe schreitet; denn wenn wir z. B. das Durchschnittsalter der jüdischen Ehen, bei denen 8 und 9 Kinder vorkamen, betrachten, so war dasselbe 40 bis 42 Jahre. Daß natürlich Ehen, die mit 30 Jahren geschlossen werden, in 10 Jahren kaum 8–9 Kinder bekommen, ist fast selbstverständlich, aber es bedarf überhaupt nicht langer Erklärungen für die Tatsache, daß eine Großstadtbevölkerung, bei der die Männer durchschnittlich über 30 Jahre alt sind, wenn sie heiraten, eine geringe Kinderzahl besitzen wird, und es ist ganz selbstverständlich, daß bei dem großstädtischen Milieu das späte Alter der Eheschließenden doppelt ins Gewicht fällt. Nun bezeugen die Ehen, in denen im Jahre 1910 noch mehr als sechs Kinder vorkamen, nicht die heutigen Verhältnisse, sie sind, soweit sie nicht Ausländer betreffen, durchschnittlich vor 20 Jahren geschlossen worden und der damaligen Sitte entsprechend noch früher denn jetzt. Wir gehen wohl nicht zu weit, wenn wir behaupten, daß von den heute geschlossenen Ehen eine geringere Fruchtbarkeit ausgehen wird, als wir sie bei den Ehen konstatieren konnten, die vor 20 Jahren geschlossen wurden. Es wurde schon betont, daß das Durchschnittsalter der Eheschließenden heute ein viel späteres ist, und ein Blick auf unsere Tabellen zeigt die enorme Verschiebung. 1873 waren bis zum 30. Lebensjahr 55 % aller Heiratenden schon in die Ehe getreten, bei den Frauen gab es 10 %, die schon bis zum 20. Lebensjahr dem Manne folgten, während es heute knapp 2 % sind. Und wenn wir auf 1871 zurückgehen, so waren es 60 % männliche Juden, die bis zum 30. Jahre heirateten, und 20 % weibliche, die vor dem 20. Lebensjahr Gattinnen wurden. Leider besitzen wir keine Statistik, wieviel Prozent der Juden vom 20.–40. Lebensjahre aus Berlin stammen. Wir gehen wohl kaum zu weit, wenn wir behaupten, daß die in Berlin geborenen Juden nur zum geringen Teil auswandern. Wenn wir dagegen die Ziffer der Eheleute, die aus Berlin stammen, ansehen, so müssen wir wohl sie als zu gering bezeichnen. So fanden wir 1910 nur 382 geborene Berliner, die eine Ehe schlossen.[25] Die Betrachtung der Totenscheine, wonach gerade ein hoher Prozentsatz der ledigen Juden in höherem Alter aus Berlin stammte, bestätigt die Behauptung, daß die eingesessene Berliner jüdische Bevölkerung die geringste Tendenz zur Heirat und Fortpflanzung besitzt. Von den kinderreichen Familien, die ich anläßlich einer neuen Geburt im Jahre 1910 auszählte, waren nur 6 % der Väter aus Berlin.

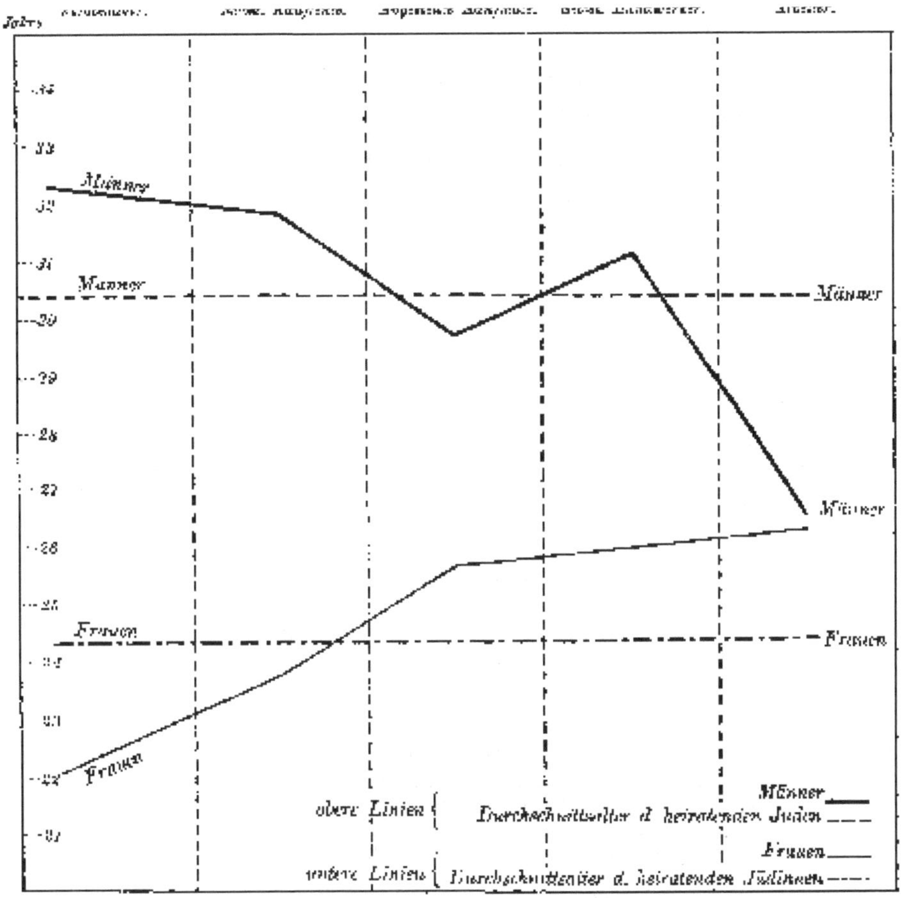

Tabelle IX.
Alter der heiratenden Juden in Berlin (1910).

	Akadem.	Kaufleute	Angest. Kaufleute	Selbst. Handw.	Arbeiter	Im Durchschnitt
Männer	32,3	31,8	29,7	31,1	26,6	30,4
Frauen	22,0	23,8	25,7	26,0	26,3	24,3
Alter der Eltern bei jüdischen Geburten						
bei der ersten Geburt						
Männer	33,3	33,1	31,2	32,5	27,7	32,05
Frauen	25,4	26,8	25,8	24,3	25,3	26,25

bei den Geburten in jüdischen Ehen		Männer	Frauen	bei den Geburten in Mischehen		Männer	Frauen
II.	Geburt	33,1	18,6	I.	Geburt	29,5	26,0
III.	"	33,4	30,4	II.	"	30,1	26,7
IV.	"	34,6	31,1	III.	"	33,0	30,0
V.	"	36,8	34,0	IV.	"	32,4	29,0
VI.	"	37,0	34,6	V.	"	32,6	32,3
VII.	"	38,3	34,8	VI.	"	36,5	34,4
VIII.	"	40,3	37,9		usw.		
IX.	"	42,0	37,4				
X.	"	43,4	39,5				
	usw.						

Tabelle X.
Alter der unehelichen Mütter (Jüdinnen 1910)

Jahre	17/19	20/22	23/25	26/28	29/31	33/35	36/38	39/41	42 usw.
	14	28	21	14	12	6	1	4	1

Beruf der unehelichen Mütter (Jüdinnen in Berlin 1910)	
Berufslos (davon 2 früher Ehefrauen)	17
Selbständiger Beruf (Studentin, Sängerin, Lehrerin usw.)	5
Händlerin usw.	4
Wirtschafterin	14
Dienstmädchen	7
Schneiderin	19
Verkäuferin	15
Arbeiterin	13
Buchhalterin	6
Aufwärterin	4
usw. (Artistin, Masseuse, Kellnerin)	3

Aus all dem mag hervorgehen, daß die Abnahme der Fruchtbarkeit bei den Berliner Juden eine evidente ist. Die verschiedentlichsten Methoden ergaben immer dasselbe Resultat. Und es ist wohl kaum diese enorme Unterproduktion auf irgendwelche zufällige Zu- oder Abwanderung, Infertilität usw. zurückzuführen. Im Gegenteil, gerade die ausländischen Juden, die schon knapp ein Fünftel der Berliner Juden betragen, verschleiern etwas den tiefen Stand der einheimischen Natalität.

Zusammenfassung: Die harmonische Entwicklung der jüdischen Fruchtbarkeit von der Fülle zur Armut, stellt sich also nicht als das Werk des Zufalls, sondern als die Anpassung an das Leben dar. Das Sexualleben des Menschen wird beeinflußt von dem Ideengehalt der Zeit, besonders aber von den wirtschaftlichen Verhältnissen, so daß man ruhig behaupten kann, daß es für große Massen auch in diesen Dingen keine Zufälligkeiten gibt.

Die Bedeutung des Wohlstandes ist an der Hand der Tafeln über Beruf und Geburtlichkeit deutlich gezeigt worden. Aber auch die Steuerstatistik zeigt uns den enormen Aufschwung der Juden. Für alle Berliner wird die Tatsache unbestritten sein, daß die wohlhabenden Juden nach Charlottenburg, Wilmersdorf, Schöneberg, Grunewald abströmen, daß gerade die reichsten sich taufen lassen oder ihre Töchter Christen verheiraten. Trotzdem hielten sich die Juden, d. h. der in Berlin bleibende Rest bzw. die Zugewanderten nicht nur auf der Höhe, sondern sie haben es fertig gebracht, die durchschnittlich pro Kopf versteuerte Summe von 317 M. (1892) auf 355 M. (1905) emporzubringen, bzw. nach 13 Jahren statt 6 Millionen Steuern 10 ½ Millionen beizutragen. Man wird gewiß die einzelnen Ziffern gerade wegen der großen Wanderungen sehr abwägen müssen — und es ist hier nicht der Raum, das Kapitel der Steuerkraft der Berliner Konfessionen abzuhandeln — aber nicht nur der Umstand, daß die Juden allein ihre Steuersumme zu heben verstanden, gibt zu bedenken.[26] Bei einer Bevölkerung von knapp 100000 Seelen hatten die Juden 29426 Steuerzahler, die über 1500 M. vereinnahmten. Und die Tatsache, daß in einer Rasse ⅓ aller Personen einschl. Frauen und Kinder usw. eine so hohe Steuer bezahlten, gibt uns das Recht zur Behauptung, daß die Berliner Juden exzeptionell wirtschaftlich rasch aufsteigen.

Die Katholiken waren 1905 222700 Personen stark, die Juden 98909. Unter den Steuerpflichtigen (über 21 M.) waren die Juden mit 29000 Zensiten, die Katholiken mit 14700 vertreten. Allerdings ist der verschiedentliche Bevölkerungsaufbau zu berücksichtigen. Trotzdem bleibt eine ungeheuere Differenz zwischen den Juden, von denen 30 % über 21 M. versteuerten, und den Katholiken, bei denen es 6,6 % waren.

Die Bedeutung des Wohlstandes und des Vorganges, daß an Stelle der nach den Vororten ziehenden reichen Juden ärmere Massen wirtschaftlich emporsteigen, findet eben einen Ausdruck in dem Bestreben, durch Hintanhaltung der Familie ökonomisch zu erstarken.

Es wird schwer halten, den Zusammenhang dieser Dinge abzuleugnen.

So wird es der nächsten Zeit vorbehalten sein, neue Gesetze, welche die Vermehrung einer Bevölkerung bedingen, auszufinden, da die alten, die Malthus und andere aufstellten, keine Erklärung für die neuen Bevölkerungsvorgänge mehr abgeben können. Das Beispiel der Berliner Juden wird aber nicht nur theoretisch eine gewisse Bedeutung haben, sondern vor allem auch praktisch durch den Hinweis darauf, daß die allgemeine Berliner Bevölkerung mit ihrer Unterfrüchtigkeit den Juden nachzog.

Wir kommen somit nach all dem Gesagten zu folgendem Schluß:

Unter unsern heutigen sozialen Verhältnissen bringt das materielle und soziale Aufsteigen bzw. der intensive Wunsch nach ökonomischen Mitteln und gesellschaftlicher Stellung den beteiligten Familien schwerste Gefahren in rassenhygienischer Bedeutung.

[Sämtliche Zahlen sind, soweit keine Quellen angegeben sind, berechnet bzw. zitiert nach den Publikationen des Statistischen Amtes der Stadt Berlin bzw. des Königreiches Preußen; da in den Tabellen fast jede Zahl einem anderen Bande entnommen wurde, ist eine Zitierung unmöglich.

Die Statistiken über die Eheschließungen, Geburten, Todesfälle sind eigene Zählungen des Urmaterials, die von mir auf dem Statistischen Amt der Stadt Berlin unter gütiger Genehmigung des Herrn Direktors vorgenommen wurden.

Die Kurven wurden nach Angabe des Verfassers von Herrn Bach gezeichnet.]

FUSSNOTEN:

[1] Nach dem jüdischen Gesetz hatten alle Juden zu Beginn der Geschlechtsreife zu heiraten. Jede Inhibierung der Konzeption war streng verpönt. Frühe Heirat und reicher Kindersegen galten als besonders gottgefällig.

[2] Weiteres Material in dieser Frage habe ich auch in dem Buche »Der Untergang der deutschen Juden« (Reinhard, München) und besonders im »sterilen Berlin« (Berlin 1913, Marquardt) niedergelegt.

[3] Von hier ab ist der jüdische Nachwuchs berechnet aus

a. den Kindern der jüdischen Ehen,

b. den Kindern von unehelichen jüdischen Müttern,

c. der Hälfte aller Geburten aus Mischehen.

[4] Infolge der Taufbewegung ist diese Ziffer zu gering. Es würden hierher eigentlich auch die gestorbenen getauften Juden gehören, da diese ja in der Spalte der geborenen Juden figurierten. Darnach wäre die Summe der verstorbenen Juden um etwa 200 größer.

[5] In ausführlichen Berechnungen in der Mediz. Reform (Nr. I v. 1913), sowie in dem Buche »Das sterile Berlin« und in einer demnächst erscheinenden Arbeit im Archiv zur soz. Hygiene habe ich nachgewiesen, daß je nach der Kindersterblichkeit und dem Bevölkerungsaufbau die Geburtenziffer 20–30 ‰ betragen muß, um die Art zu erhalten. Eine Geburtenziffer unter 20 ‰ ist bei normaler Besetzung der Altersklassen unterfrüchtig. Zum Vergleiche einige Geburtenziffern des Jahres 1910:

In Rumänien 39,8 ‰, in Deutschland 29,8 ‰, in Frankreich 19,7 ‰. Für Großberlin beträgt die Geburtenziffer der Juden sogar nur noch 12 ‰.

[6] Durch Interpolation. Diese Ziffern liegen nicht vor.

[7] Davon von jüdischen Müttern 88. Der biologische jüdische Nachwuchs dieses Jahres ist die Ziffer, die die Geburten aller jüdischen Mütter, sei es aus jüdischen Ehen, Mischehen oder unehelichen, wiedergibt.

[8] Siehe Tabelle III. Die Zahlen betreffen nur den jüdischen Teil der Eheschließenden, bzw. bei den Kindern wurde nur die Hälfte der Kinder aus Mischehen den Juden zugezählt.

[9] Als Fruchtbarkeitsziffer ist hier die Zahl der Geburten verstanden, die auf 1000 gebärfähige Frauen (15–50 Jahre alt) kommt.

[10] Eine solche Tabelle läßt allerdings nicht die momentane Fruchtbarkeit hervortreten, welche die eben geschlossenen Ehen anstreben, denn wenn z. B. Ehen, die vor 10 Jahren geschlossen wurden, noch mehr Kinder wünschten als die eben geschlossenen, so drücken jene der Tabelle ihren Siegel auf. Wir werden also, da die vor 10 Jahren geschlossenen Ehen zu unserer Zeit ihre Mehrgeburten haben werden, die Fruchtbarkeit einer früheren Periode antreffen.

[11] Nach den Veröffentlichungen des Statistischen Amtes Berlin gab es 1905 sogar 41 % kinderlose Mischehen. Die Zahl der später legitimierten ursprünglich unehelich Geborenen wurde berücksichtigt.

[12] Siehe Gruber u. Rüdin, Fortpflanzung, Vererbung, Rassenhygiene, Lehmanns Verlag, S. 164 und Theilhaber, Das sterile Berlin.

[13] Darunter: Achtgeborene 9, Neuntgeborene 7, Zehntgeborene 2, Elftgeborene 3, Zwölftgeborene 2, Dreizehntgeborene 1, Vierzehntgeborene 1, Fünfzehntgeborene 1.

[14] Von den 54 Akademikern, die 1910 heirateten, waren 22 Ärzte, 13 Juristen, 6 Ingenieure, 2 Apotheker, 2 Rabbiner, 5 versch.

[15] Siehe Prinzing, Handbuch d. mediz. Statistik 1906.

[16] Die Zahl der 1910 in Berlin gestorbenen Juden von 0-30 Jahren war 246 = 19% der geborenen. In Berlin hatte die allgemeine Bevölkerung eine Sterblichkeit der Altersklassen

0–15 Jahre von 10,310 = 23,3 aller Geburten 16–30 Jahre von 2,803 = 6,1	= 29,4 der Geborenen.

[17] Auch die Verseuchung der jüdischen Großstadtjugend mit Geschlechtskrankheiten ist notorisch. Die sogenannten höher stehenden Berufe, die die Juden anstreben, gewähren erst spät ein standesgemäßes Einkommen, so daß tatsächlich ein großer Teil der jüdischen jungen Leute, auch wenn er will, nicht früher heiraten kann. Die Folge ist die Ausbreitung der Syphilis und der Gonorrhöe unter den Juden, zweier Krankheiten, die bei ihnen früher selten zu treffen waren.

[18] Es starben nämlich 1905–09 auf je hundert Geborene berechnet bis zum 15. Lebensjahr ca. 16 % der Geborenen. 1910 waren es nur 13,5 %, Gestorbene Juden in Altersklassen 15–29 gab es 1910 5,5 %. Da, wie wir später sehen werden, die Fruchtbarkeit bei den Juden und Jüdinnen durchschnittlich in das Ende der 20er, hauptsächlich aber zu Beginn der 30er Jahre zu setzen ist, so können wir statistisch sagen, daß die vor dem 30. Lebensjahr sterbenden Personen durchschnittlich an der Vermehrung nicht mehr teilgenommen haben. Wir erhalten also für die neueste Zeit das Ergebnis, daß von je 100 geborenen Juden 19–20 zu früh sterben. Bei der allgemeinen Bevölkerung von Berlin waren es 1905 33 % der Geborenen, die bis zum 30. Jahre starben. In das Verhältnis gesetzt zu den 59 Geburten, die wir als das Geburtenminimum pro 1000 gebärfähige Frauen berechnet haben, müssen wir also bei der jüdischen Bevölkerung entsprechend 12–14, bei der allgemeinen Bevölkerung etwa 20 Geburten hinzuzählen, um diejenige Geburtenziffer zu bekommen, die imstande ist, die Bevölkerung zu ersetzen.

Theoretisches Beispiel der Methode.

Um 1000 gebärfähige Frauen nebst 1000 entsprechenden Männern zu ersetzen, bedürfte es eigentlich nur 59 Geburten pro Jahr. Da aber nach dem Stand der Sterblichkeit ein Teil der Geborenen nicht mehr in das gebärfähige

Alter gelangt, so müssen wir diese Geburten um die Mortalitätsziffer bereichern. Wir nehmen an, daß noch 21 Geburten pro Jahr mehr sein müssen, damit wirklich 59 das 30. Lebensjahr erreichen.

Wenn also diese 1000 gebärfähigen Frauen pro Jahr 80 Geburten haben, so werden davon in einem späteren Zeitraum wieder je 1000 gebärfähige und zeugungstüchtige Männer und Frauen gewährleistet. Oder mathematisch ausgedrückt 1000 gebärfähige Frauen zwischen 15–50 Jahren müssen Geburten haben:

$1000 \times \mathbf{2}$ (wegen der Männer)

geteilt: 35 (wegen der 35 Jahre, siehe 15–50 Jahre)

$+ x$.

x ist der Sterblichkeitsquotient derer, die vor dem zeugungsfähigen Alter sterben. Eine Bevölkerung, die pro Jahr z. B. 100 als Fruchtbarkeitsziffer aufweist, hat bei einem Adäquatfruchtbarkeitswert von 80 einen Geburtenüberschuß von 20! Der Adäquatwert des Fruchtbarkeitswertes der allgemeinen Berliner Bevölkerung von 1905 war 80, 1900 wegen der größeren Kindersterblichkeit ca. 85.

Wie unsere Tabelle zeigt, hat unsere allgemeine Berliner Bevölkerung 1900 ungefähr ihre Lebenserhaltung. Adäquatwert und wirkliche Fruchtbarkeit waren gleich, 1905 war die Fruchtbarkeit schon zu gering! Die Berechnungen über den Status der Berliner Bevölkerung in exakter Form sollen in einer gesonderten Arbeit behandelt werden.

[19] Eine Artistin.

[20] Eine Verwandte.

[21] Einschl. 4 geschiedene Frauen.

[22] Einschl. 4 Schauspieler und Schauspielerinnen.

[23] Eine Krankenschwester.

[24] Siehe diesbezüglich die Behandlung dieses Themas in »Die Neue Generation« 1912, Augustheft: Das Eheproblem bei den Juden, worin die Ursachen der Ehelosigkeit, Spätehe usw. ausführlich abgehandelt ist.

[25] Es kamen aber auf die heiratsfähigen Jahre durchschnittlich 1000 in Berlin geborene Juden.

[26] Die Steuersumme der übrigen Bevölkerung sank sogar.